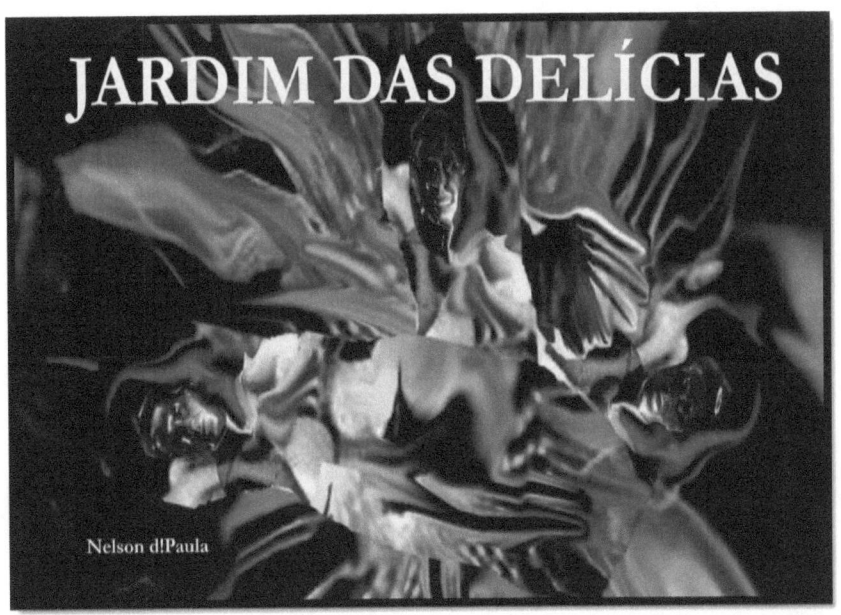

JARDIM DAS DELÍCIAS

Nelson d!Paula

JARDIM DAS DELÍCIAS

Nelson d!Paula

Dados Internacionais de Catalogação na Publicação (CIP) (Câmara Brasileira do Livro, SP, Brasil)

P374o

D!Paula, Nelson   Jardim das Delícias / Nelson d!Paula. – Praia Grande

Edição do Autor 2015/2019

1. Poesia brasileira

I. Título.

11-03579 CDD-8699.1

CDU – 21.1

Índices para catálogo sistemático:

1. Poesia : Literatura brasileira 8699.1

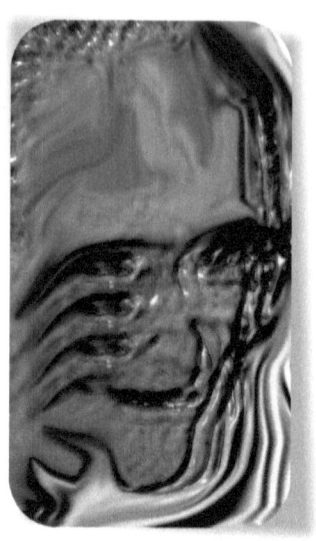

Reservo sempre a minha própria disposição um local aprazível.

para o meu espírito voar livremente,

em busca de sonhos e delírios.

01. TIA DE SANTO

Quando

ela entra

na roda,

bate

o tambor

mais forte

que

o coração.

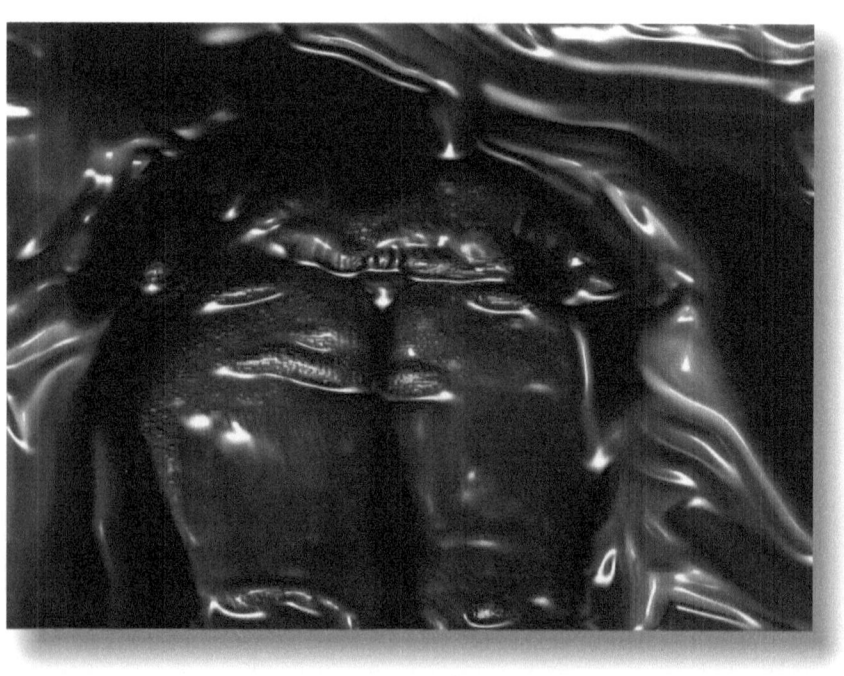

02.O OLHO DE ISIS

Reclinada

em

em sua caverna

Isis se contenta

em

fazer

brilhar

os olhos.

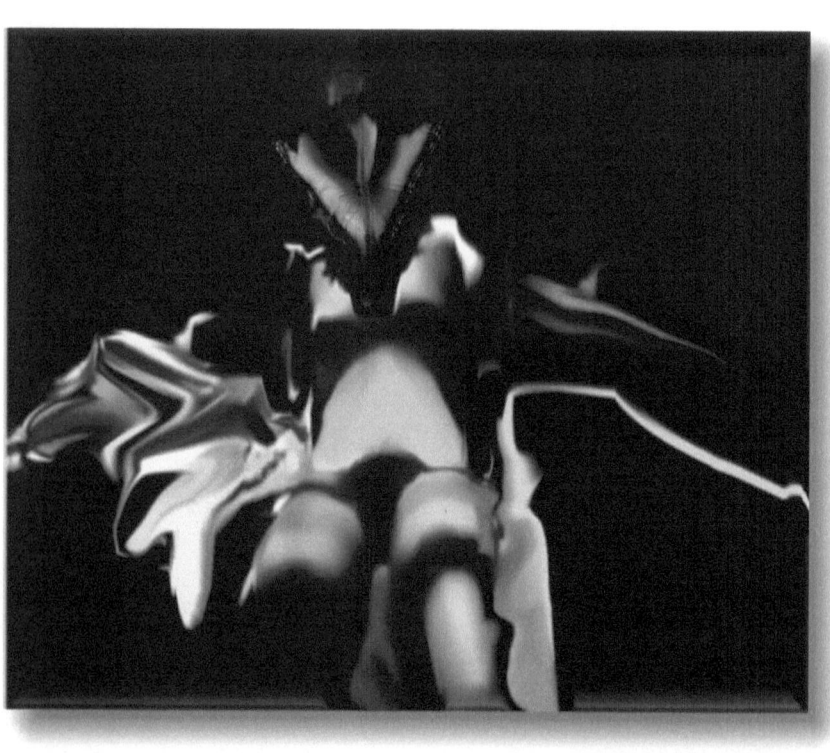

03.QUARTO QUASE CRESCENTE

O ciclo

da Lua

rege

o avanço

dos hormônios.

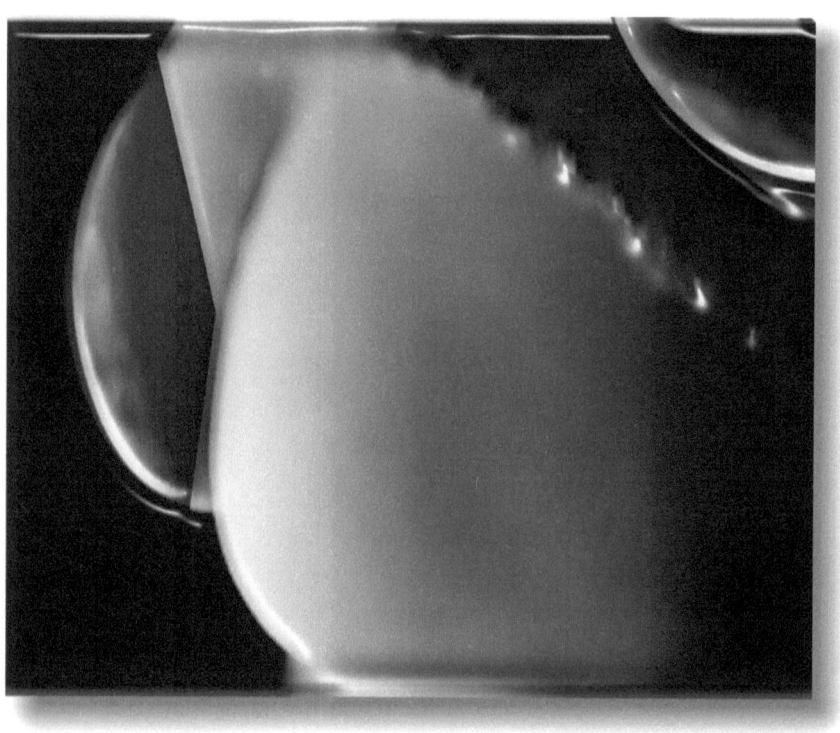

04. TRAVESTIDA PARA MATAR

Antes

da meia noite,

ela escolhe

o uniforme

para

sair por aí

à caça.

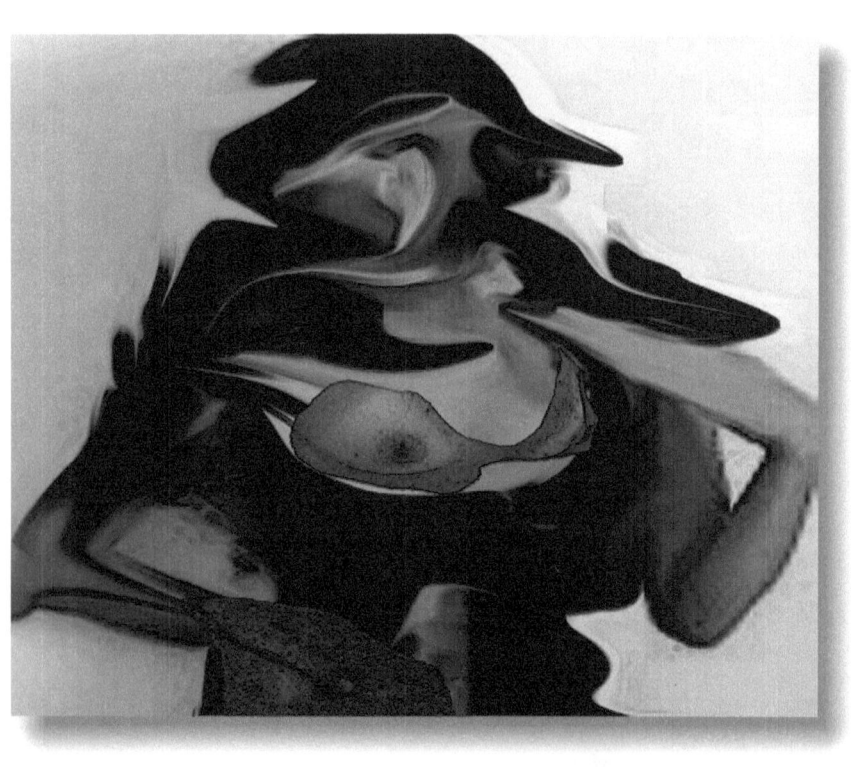

05.INSÔNIA FATAL

Se

o sono

não vem

na hora certa,

é fatal –

é substituído

pelo desejo.

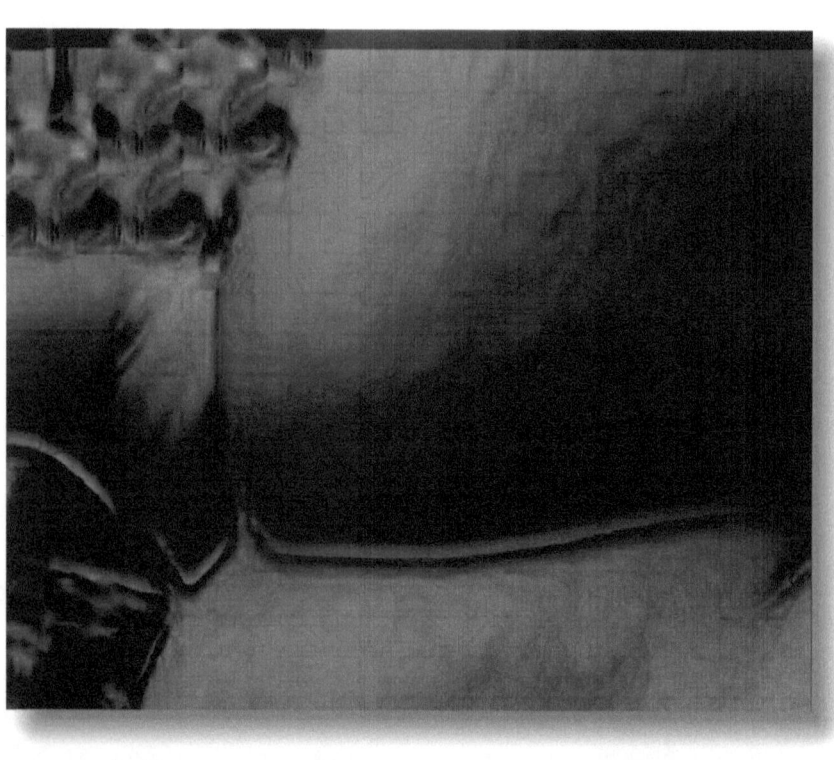

06.O DEDO DE MIDAS

Tudo aquilo

que Midas

toca

vira

desejo.

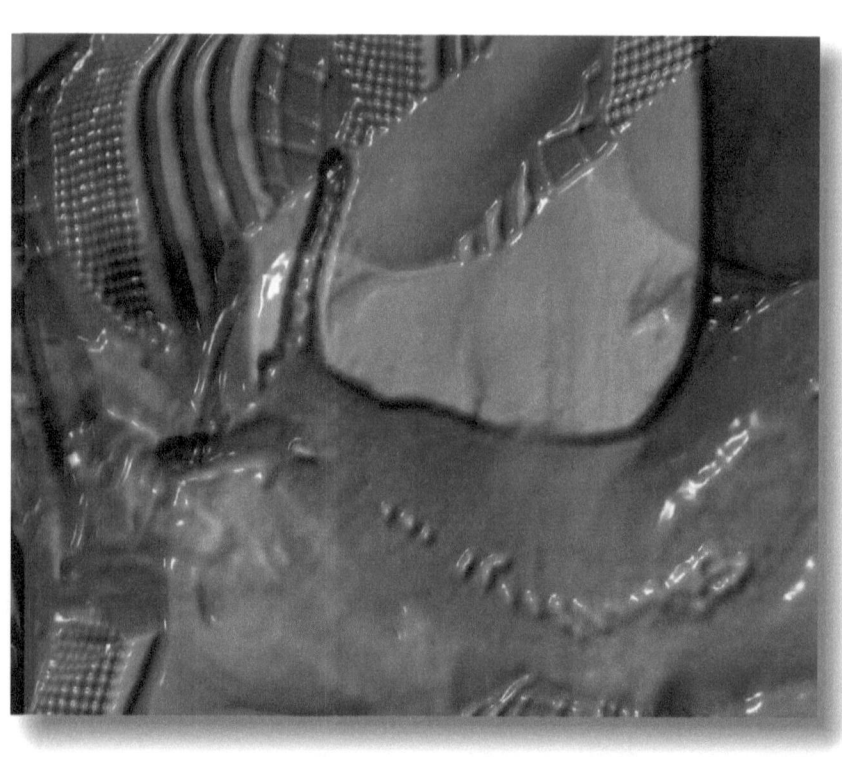

07.BORBOLETAS DEVORAM AS ENTRANHAS

Com a chegada

do verão,

não há como evitar

que estas borboletas

comecem a coçar

por dentro

das vísceras.

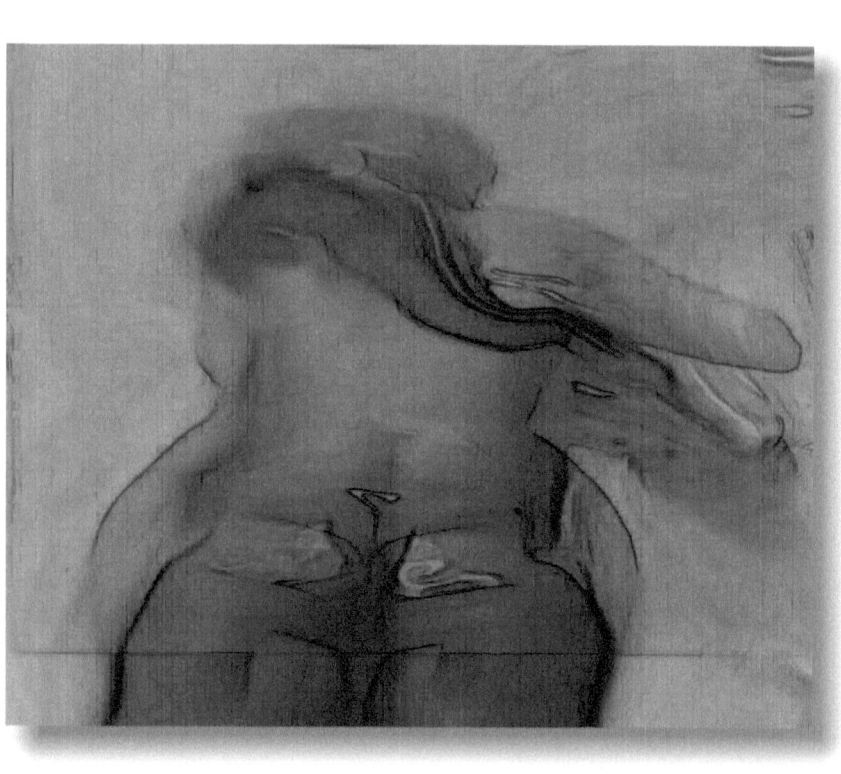

08.PÉS QUENTES NÃO ESFRIAM NA ÁGUA

De nada adianta

molhar os pés

na água fria,

se, entre as pernas,

continua escorrendo

suor quente.

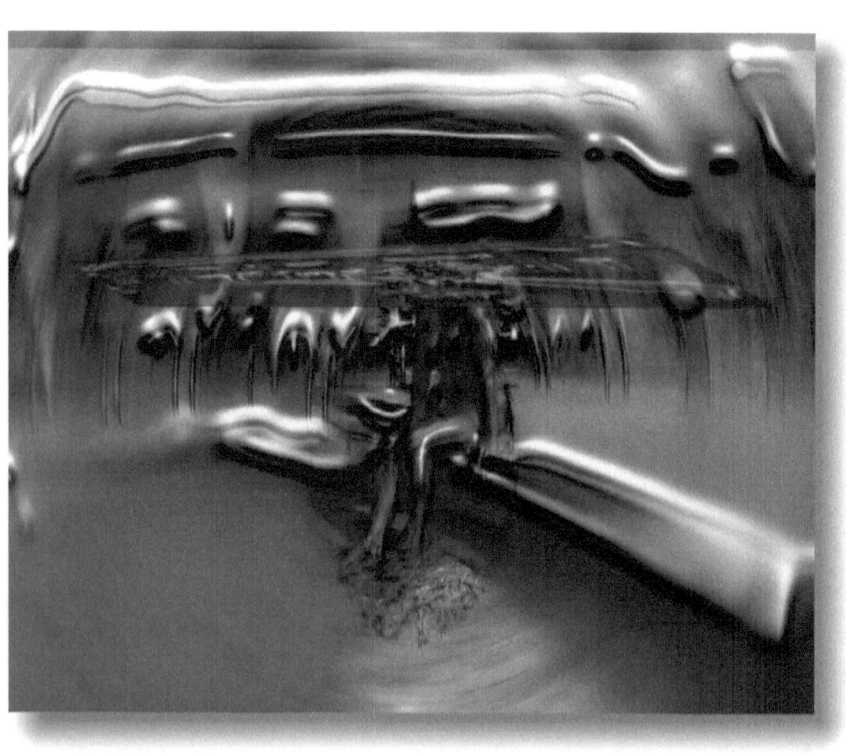

09.ESTOU DE OLHO

Não dá perder

nenhum detalhe,

por isso

é bom ficar sempre

de olho

bem aberto.

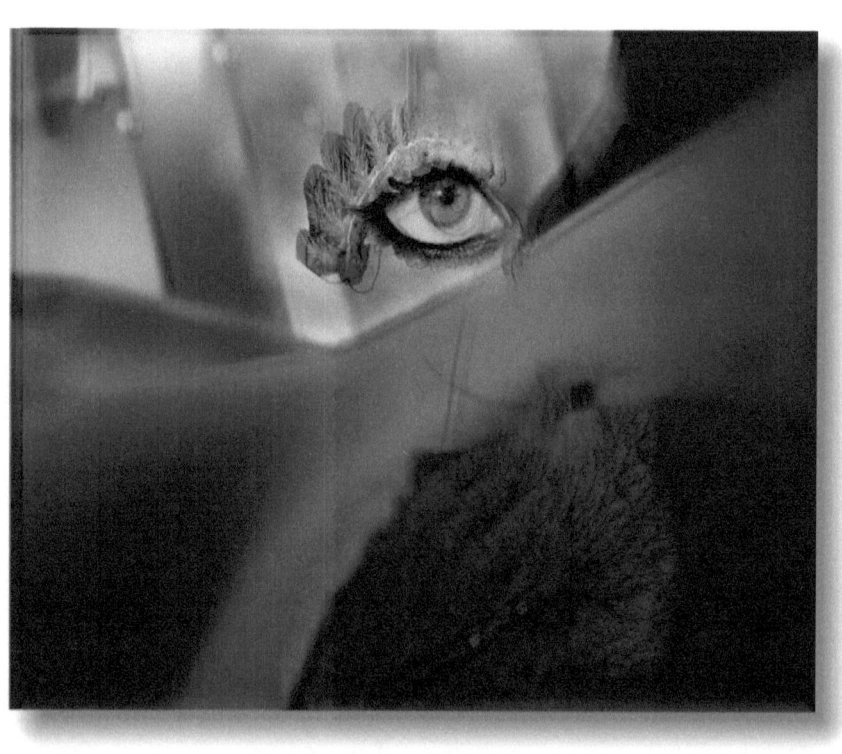

10.MADONAS DEVOLUTAS

Resfolegadas

por sobre o leito,

prolongam o suspiro,

intercalando prazer

e meditação.

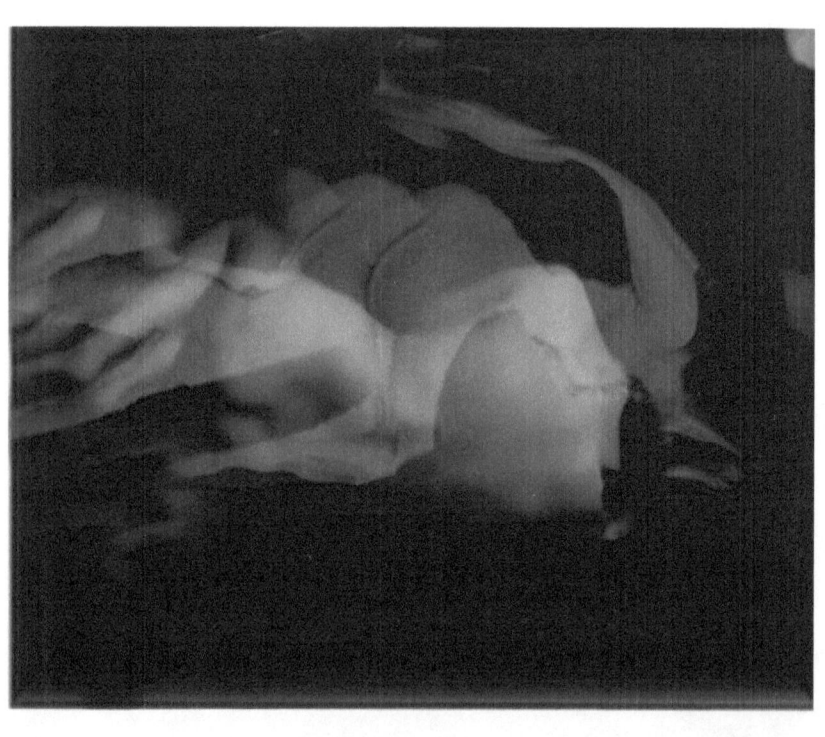

11.NAS REDONDEZAS DO INFINITO

Ao se aproximar

das redondezas do Infinito,

sempre é bom

tirar o chapéu

para não perder

o fôlego.

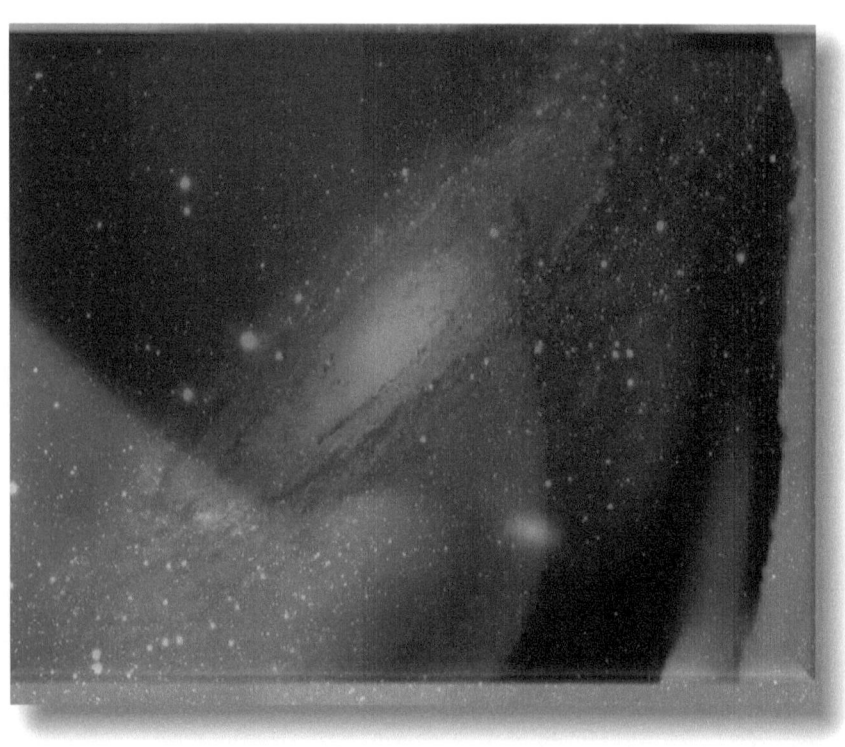

12. O PULO DA PERERECA

Exercita muito bem

o seu pulo,

com todo o cuidado

para

não se enroscar

nos pelos.

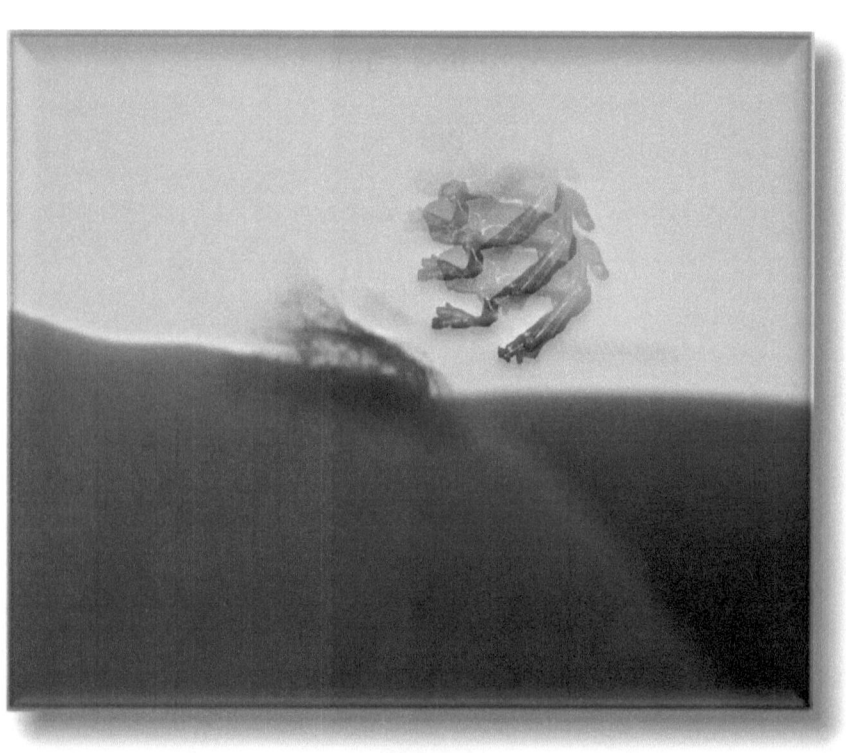

13.BANHO QUE NÃO LIMPA

À beira do rio

as meninas se lavam,

não parar tirar os pecados,

mas sim

para lembrá-los

nos

mínimos detalhes.

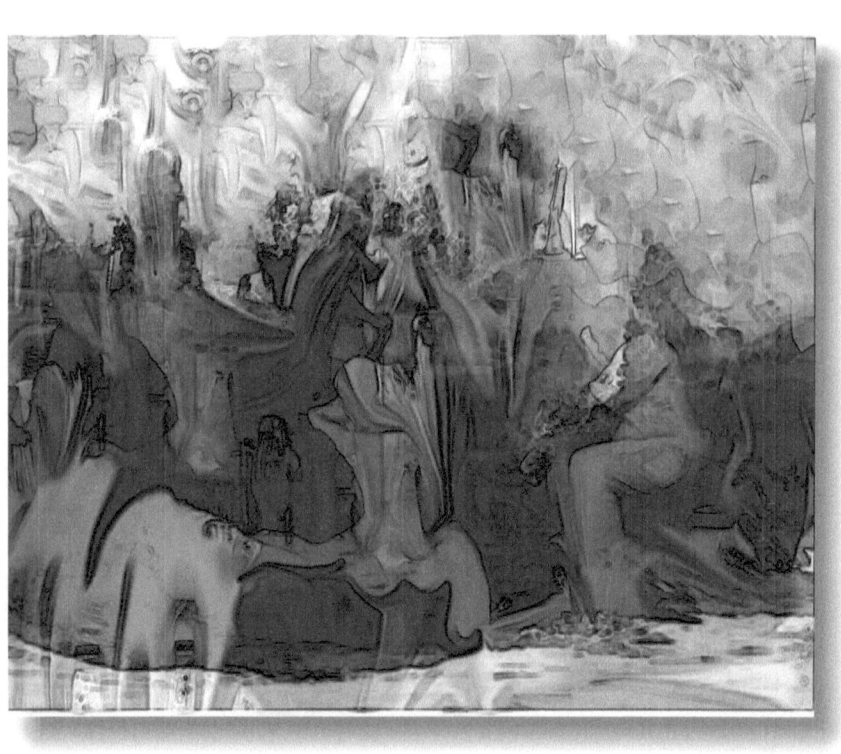

14.SEREIAS SÃO FEITAS DE CARNE

Fica fácil

entender as sereias,

quando se aceita

que

elas são feitas

de carne.

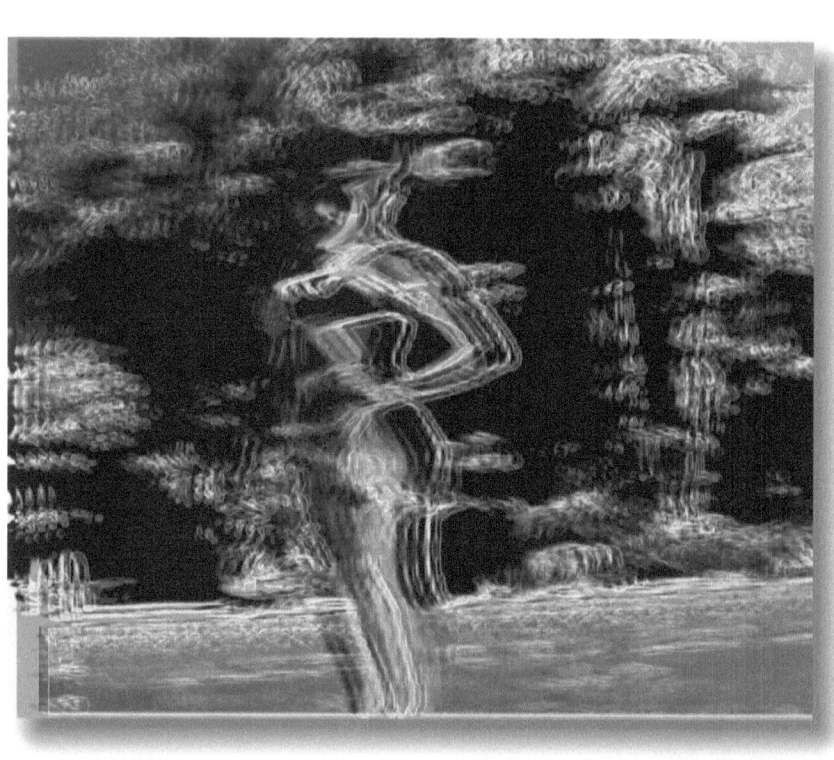

15.BEIJO QUE ENGOLE

De tão bom,

o beijo engole

e manda para o buxo

sonhos

e

desejos.

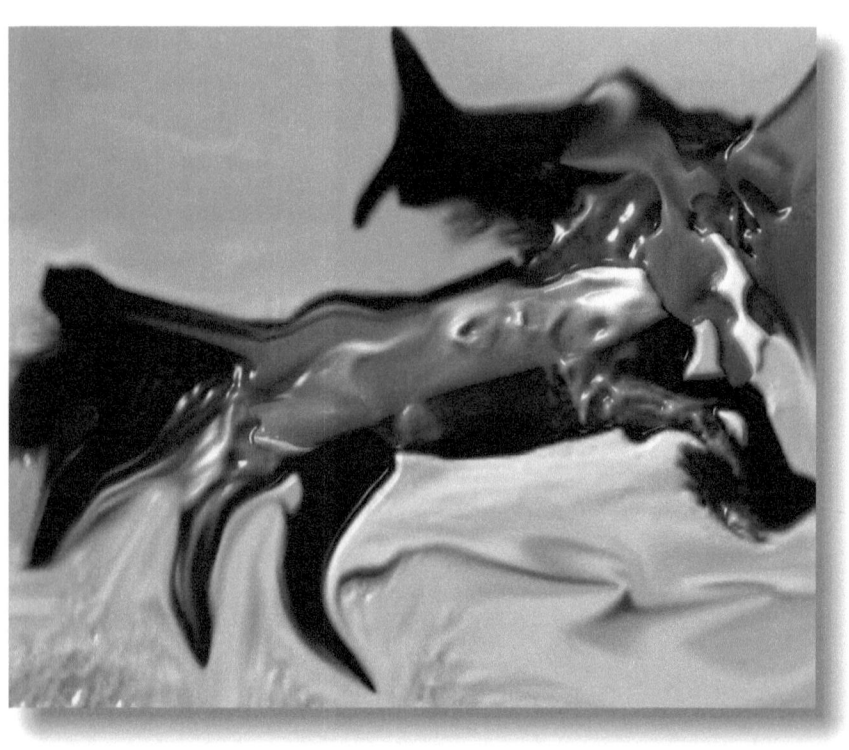

16.NOITES QUENTES

Nas noites quentes,

as lembranças se multiplicam

e

potencializam

os calores.

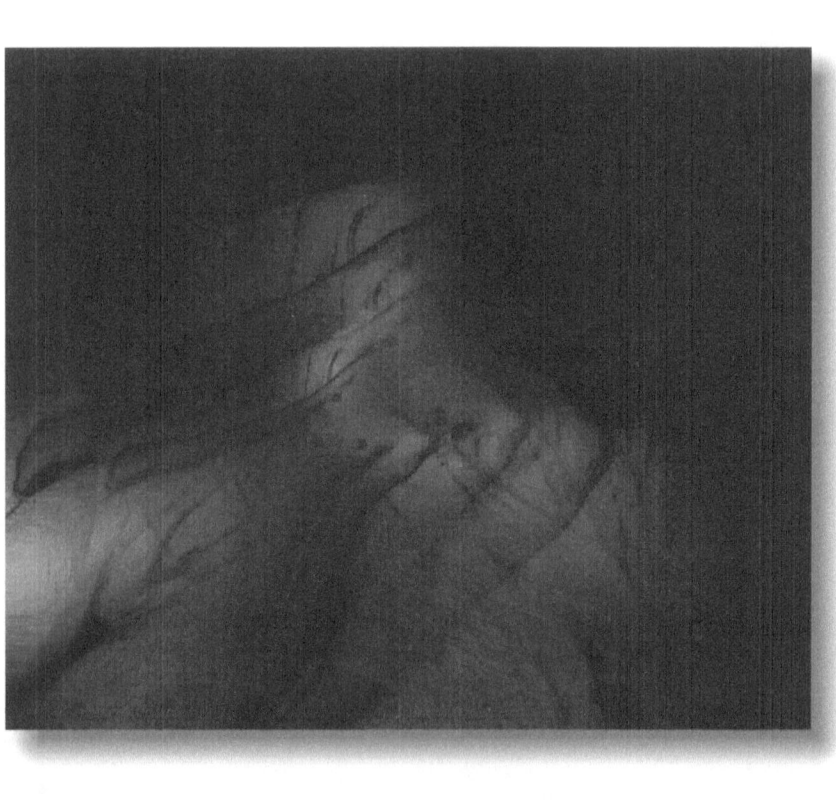

17.DOCE CAVALGADA

A boa amazona

não levanta

o corpo

mais

do que

o necessário.

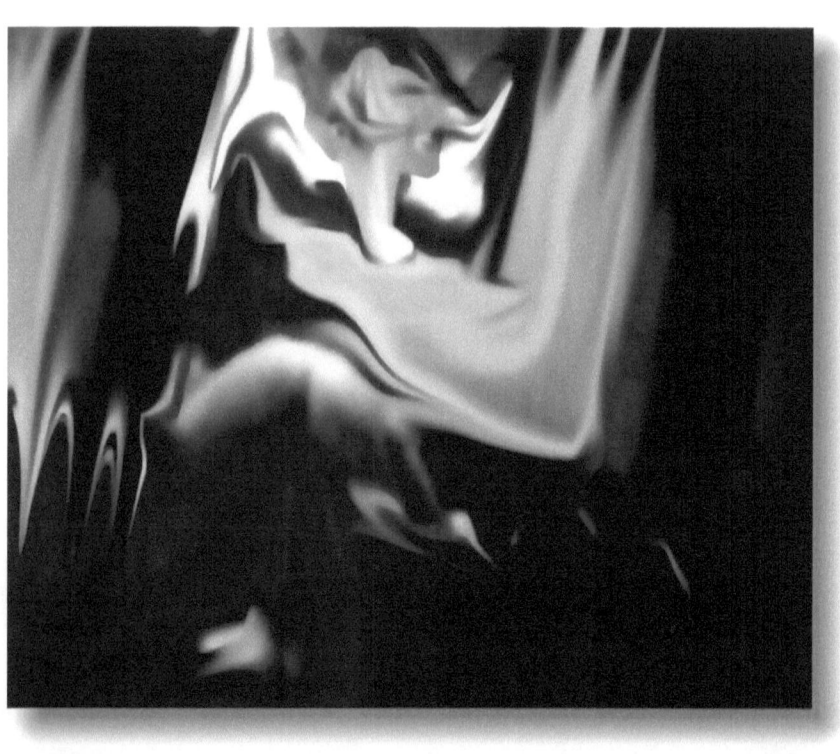

18.AMOR QUE APRISIONA

O amor

pode ser

muitas vezes

uma

prisão,

que tortura

e

sufoca.

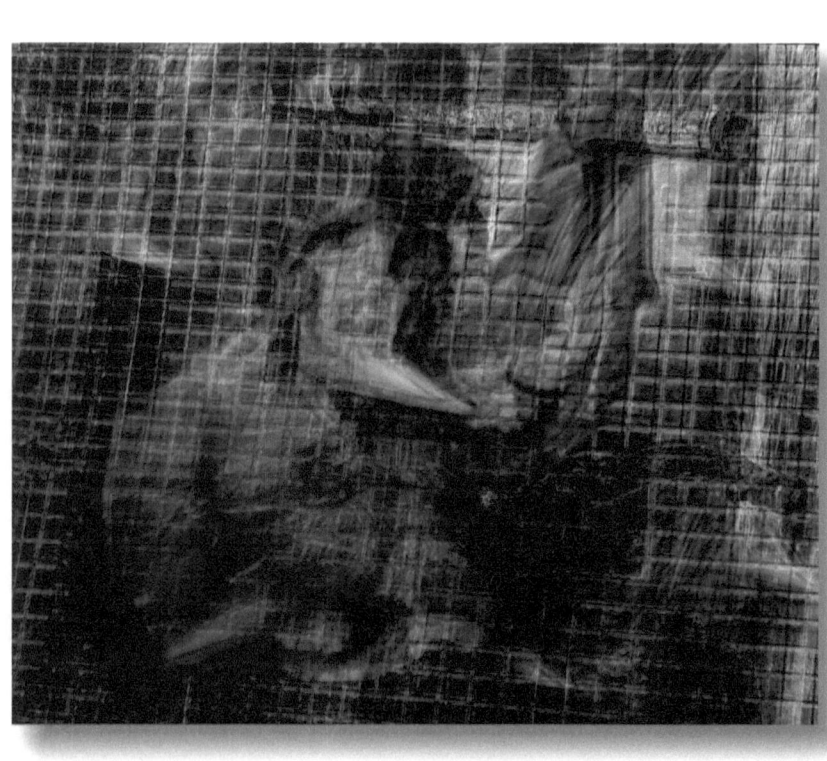

19.MUNDOS ARTIFICIAIS

Só

para meu deleite

crio

milhares de mundos

possíveis

nos tubos

do laboratório.

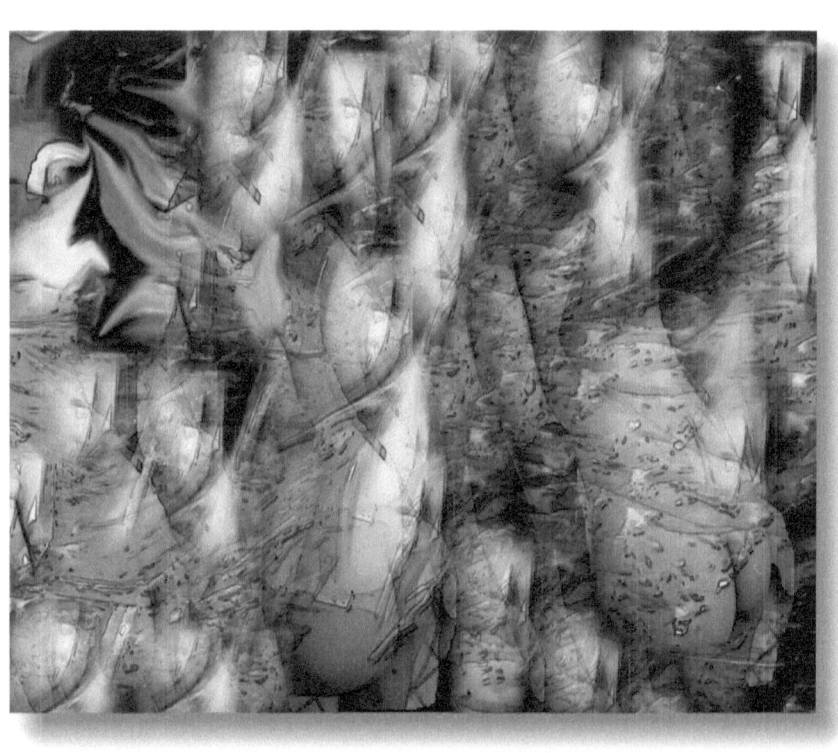

20.ÓRBITA DOS ORGASMOS

Para entrar na órbita

do planeta dos faunos,

a nave erótica

consome

milhares de orgasmos

dos seus tripulantes.

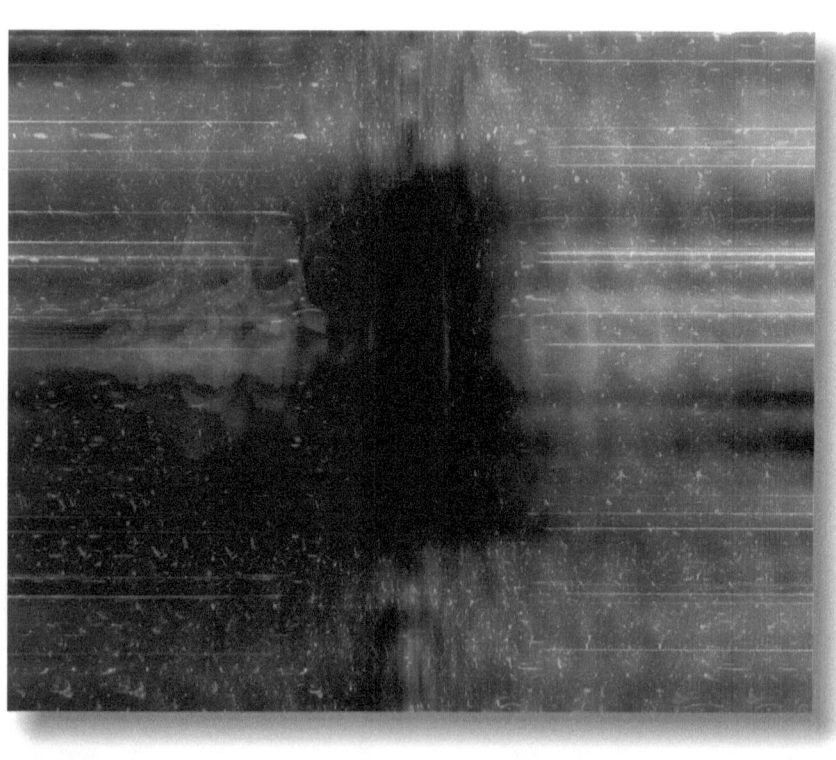

21.GULA REDOBRADA

Bate uma vontade enorme

de pular a janela

e apertar nas mãos

os seios

que acabam de escapar

por querer

da roupa de cetim.

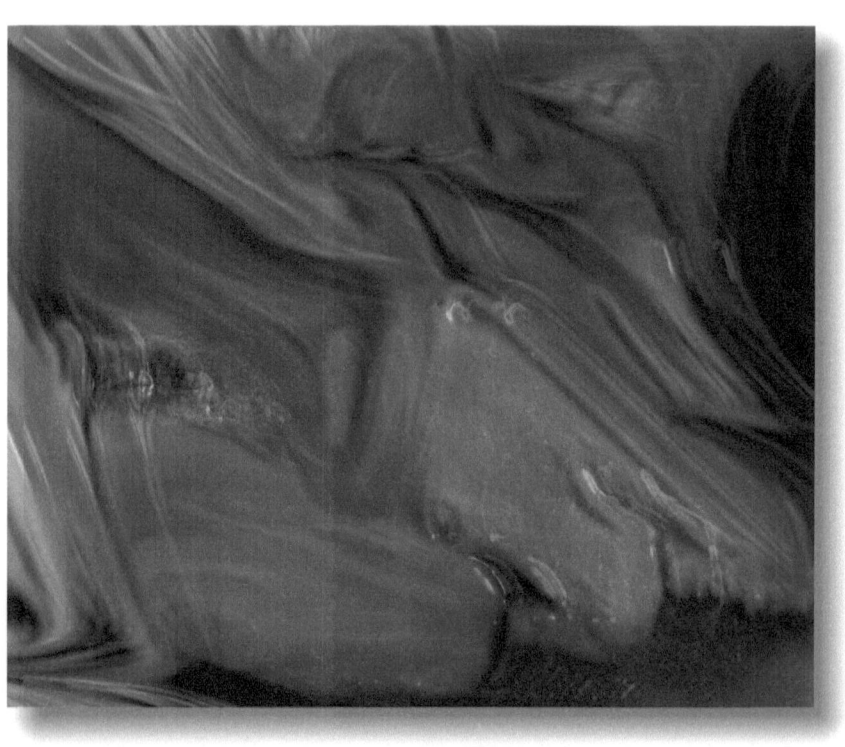

22.BADALO DO TÍMBALE

Incumba o mindinho

para exercer

a função óbvia

de dedo,

empurrando

para cima

e

para baixo

o pequeno timbale,

provocando

a surpreendente revoada

de sinos no teto.

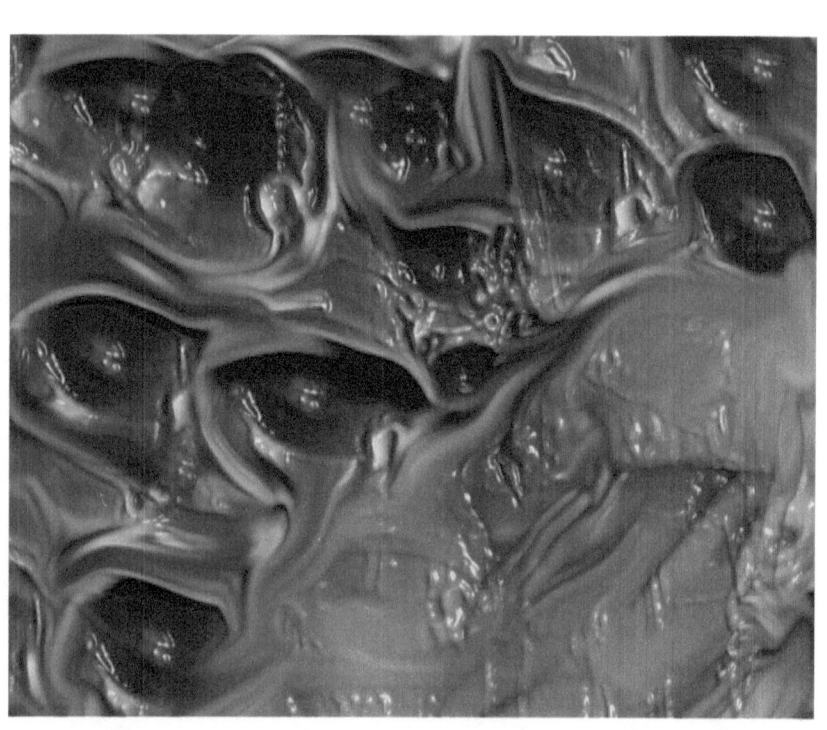

23.CABELOS BONS

Suprema glória

de poder

arrancar

tudo

e

desfrutar

da visão

perturbadora

dos rebeldes

cabelos.

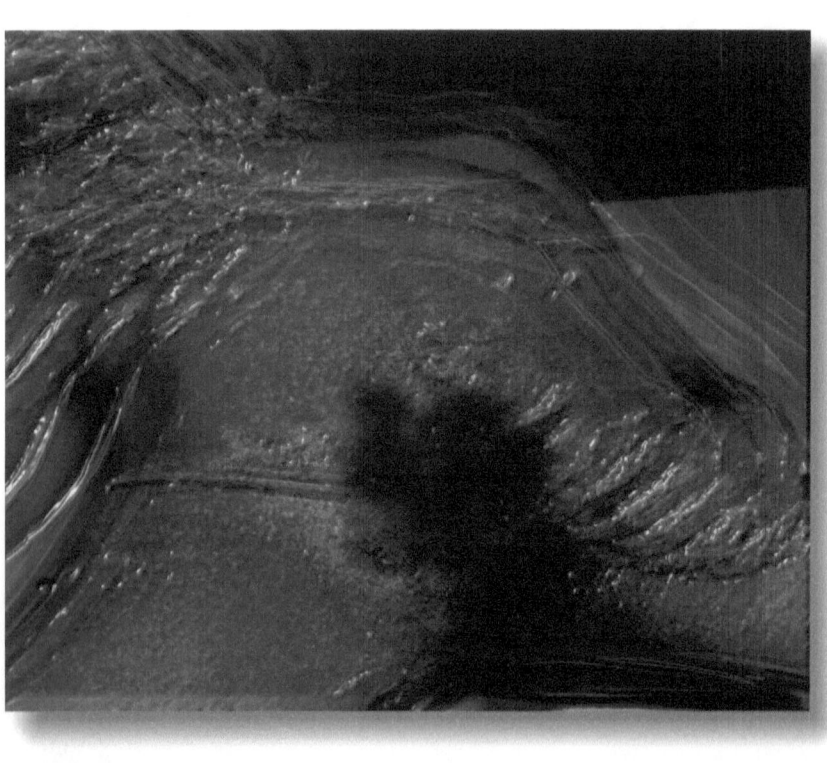

24.COISAS DA MODERNIDADE

Movida pela curiosidade

ou, talvez,

pelo impulso da modernidade,

aos poucos

tirou a roupa

e se entregou

de corpo

e

alma.

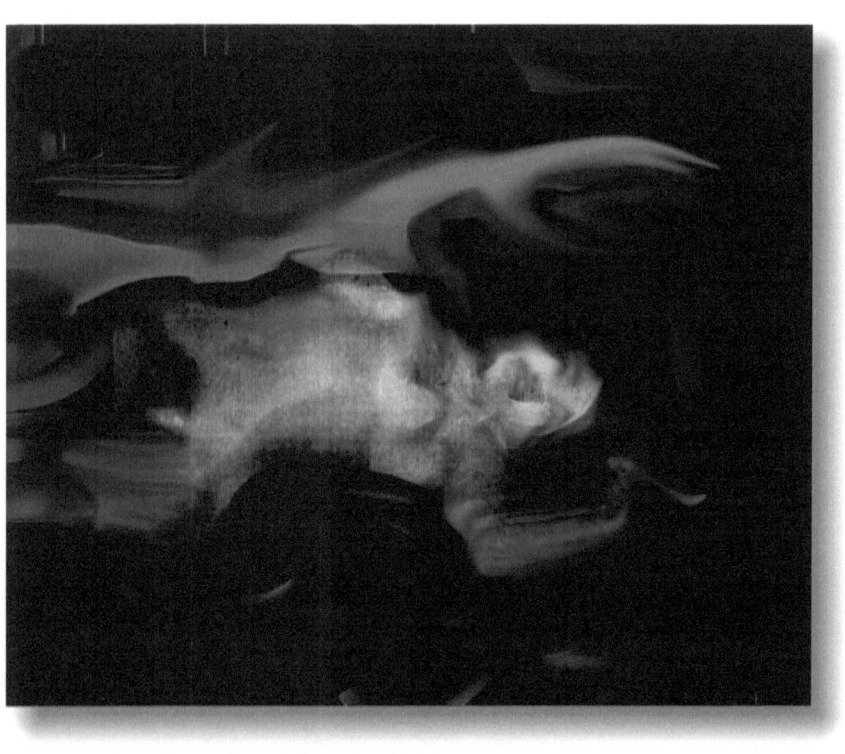

25.GOTAS DE ORVALHO

Pouco sei

de você,

a não ser

a gota de orvalho

que me foi

dedicada.

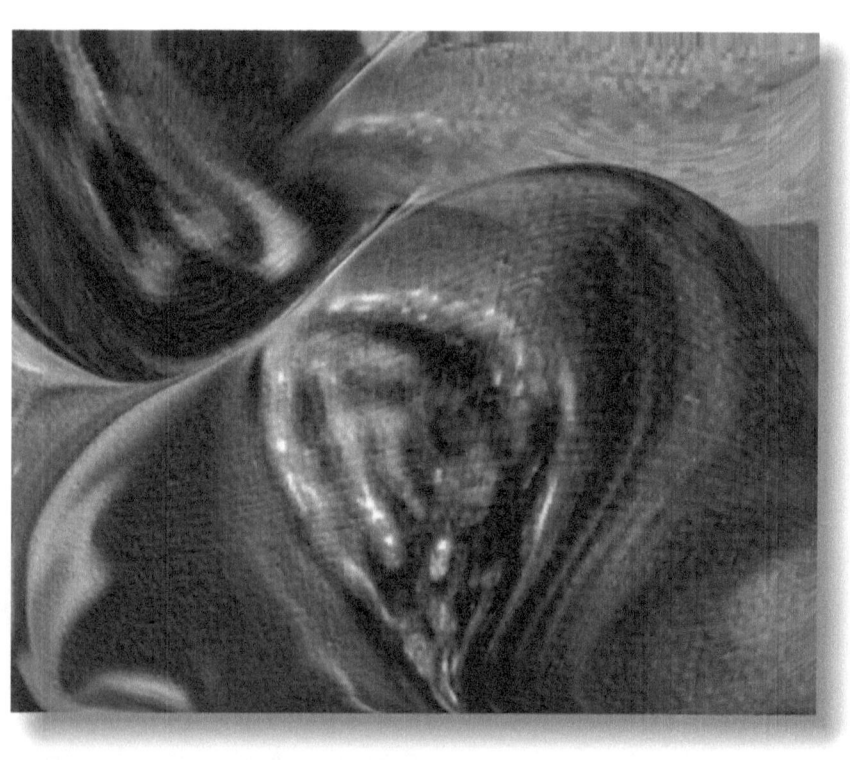

26.INICIAÇÃO

Glória ao céu,

que aceita

ser mero palco

para o caleidoscópio

provocado

por cada uma

das novas descobertas

reveladas

por seu generoso

compartilhamento.

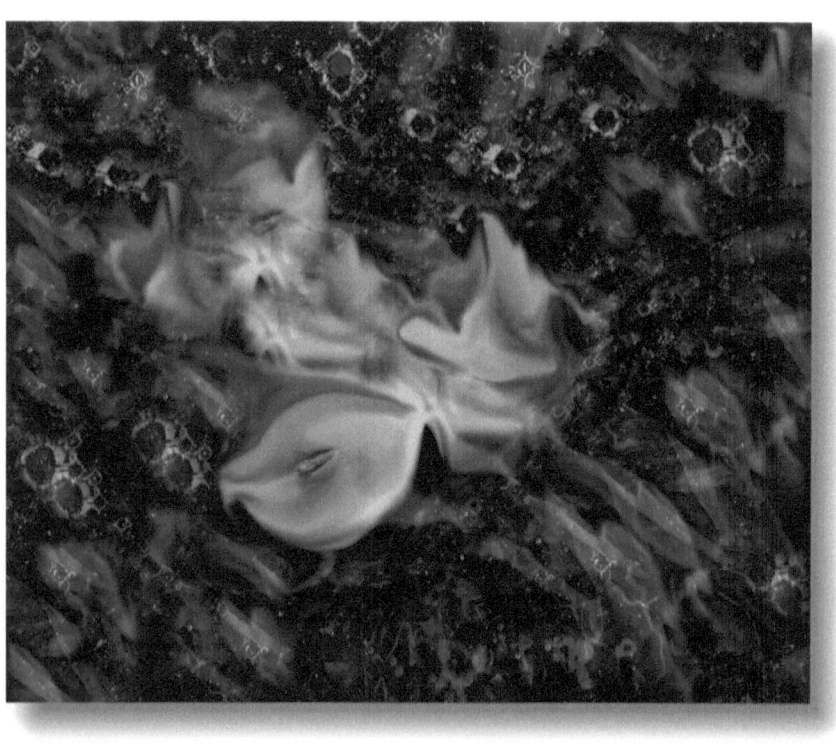

27.GOSTO DE COCO QUEIMADO

Nada como a cor

para dar

um gosto especial

ao tato

e ao contato.

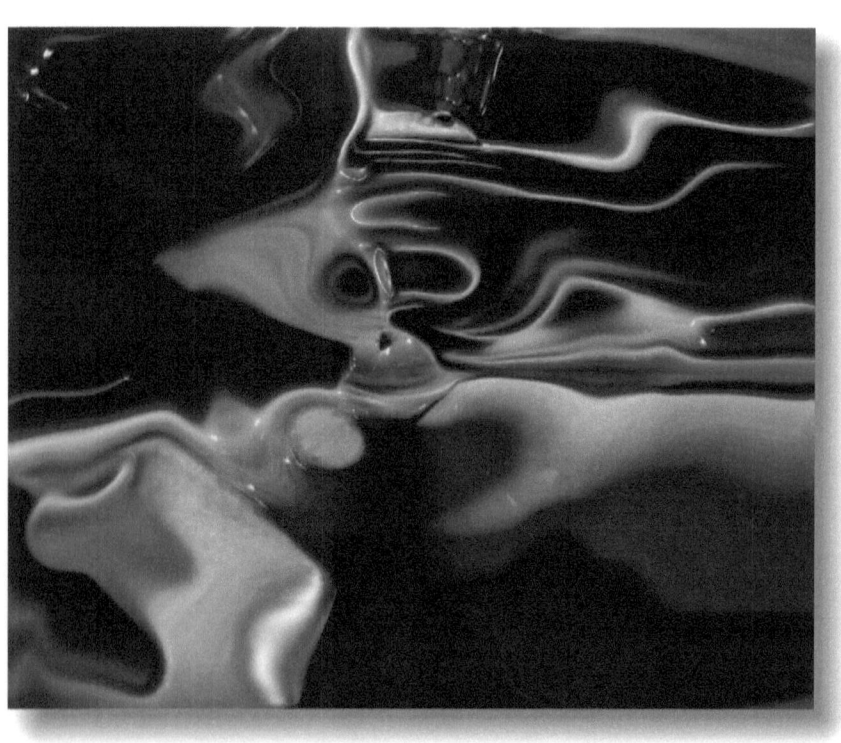

28.PORTAS MAIS QUE ABERTAS

Fica

muito mais fácil

e

prazeroso

quando

as portas

estão

abertas.

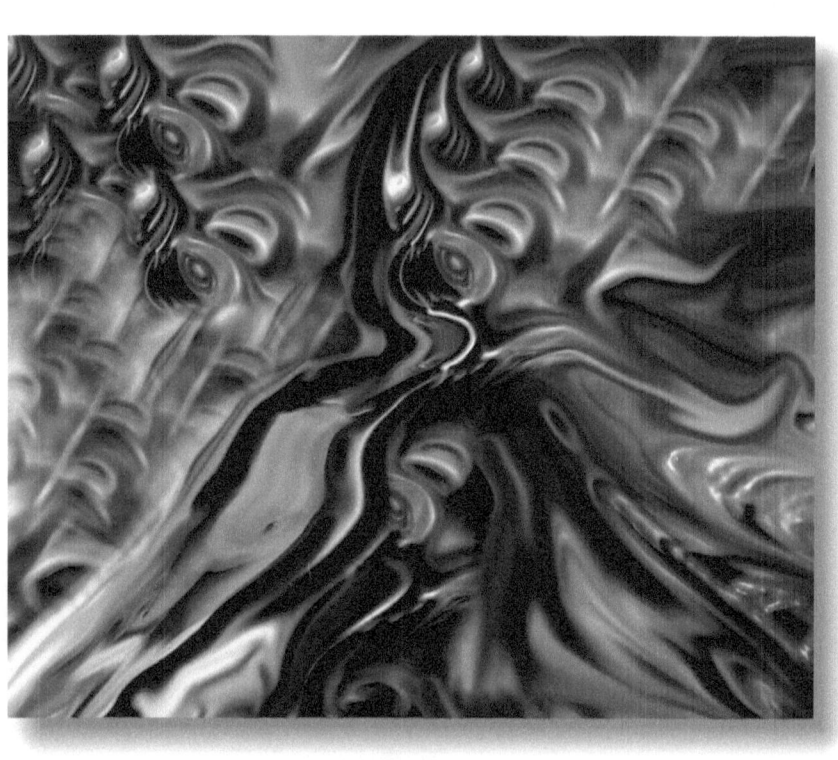

29.GOSTO DE NOVIDADE

Com um sorriso

você

esgotou

a última gota

com

gosto

de

novidade.

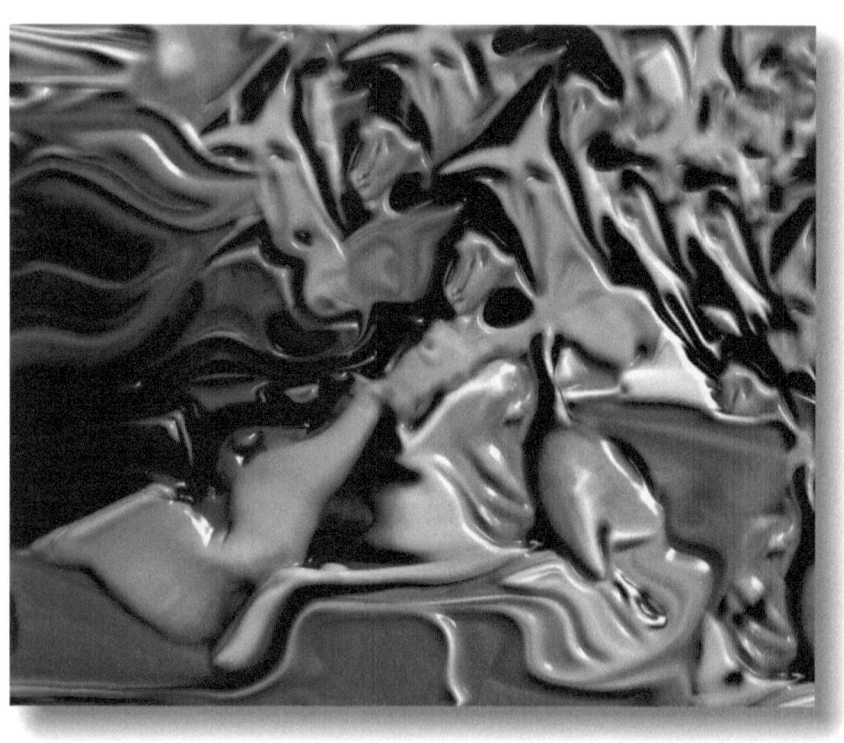

30.OFERENDA

Mal pude

acreditar

na enormidade

da oferenda

que você

fez.

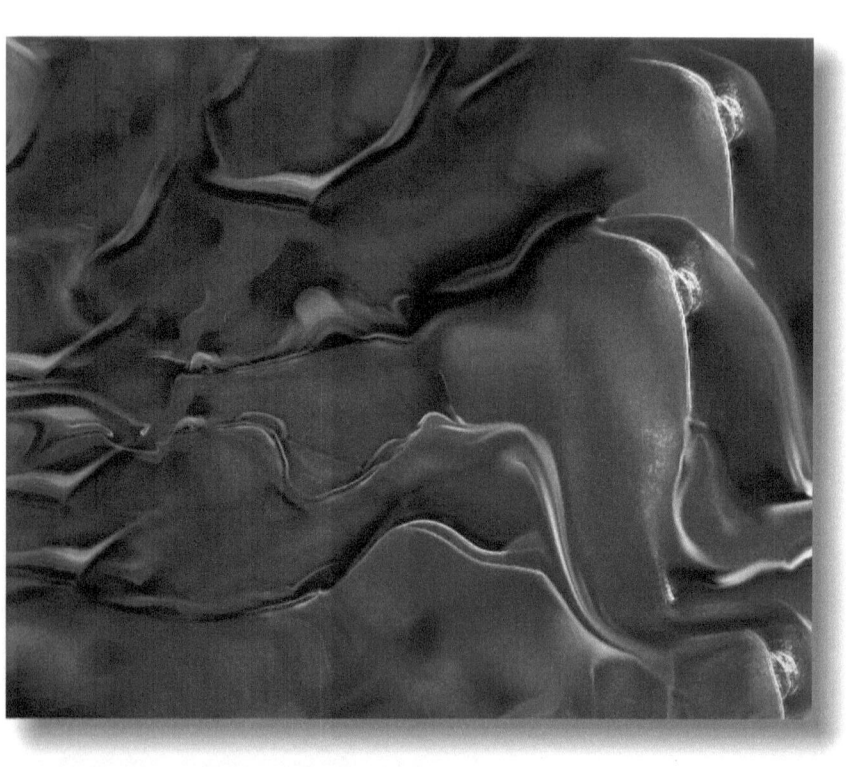

31.COISA FEIA

Nada melhor

do que

fazer muita

coisa feia

com

você.

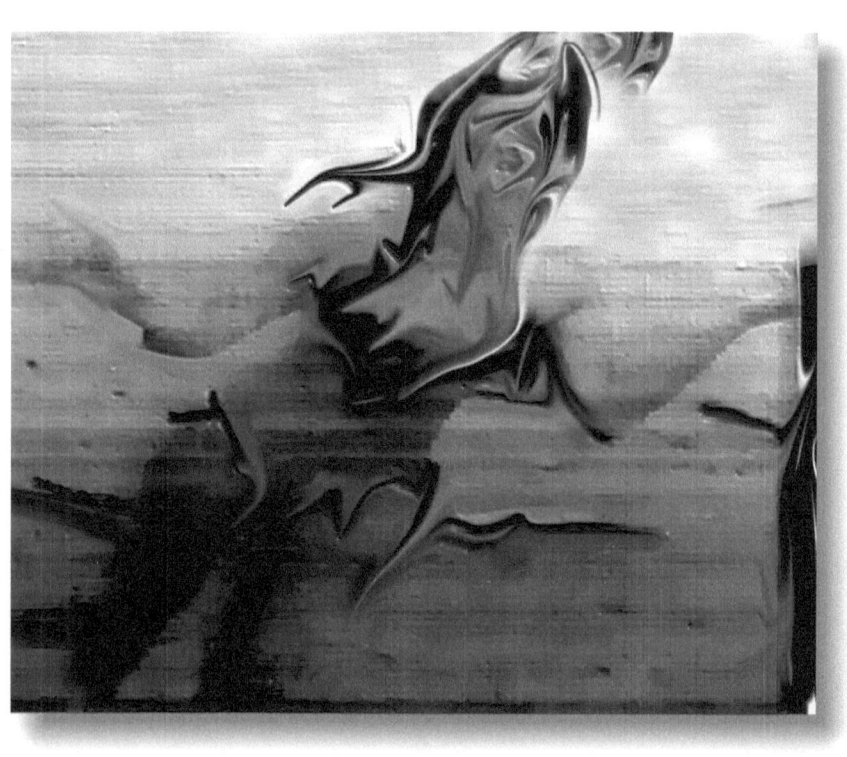

32.SÓ IDIOTA FAZ COM PRESSA

Não sei

onde

estava com a cabeça,

prá fazer

com pressa

e

tão mal.

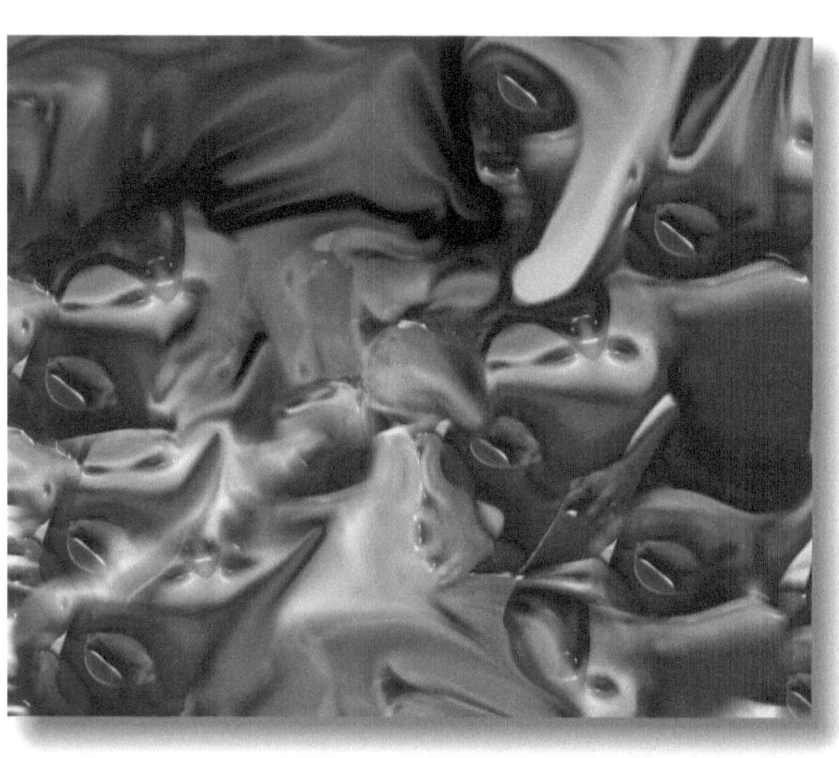

33.MACULADA MADONA

Tanta beleza

disponível

e, agora,

acessível ao toque,

deu-me

uma sensação de privilégio,

retribuída

com júbilo.

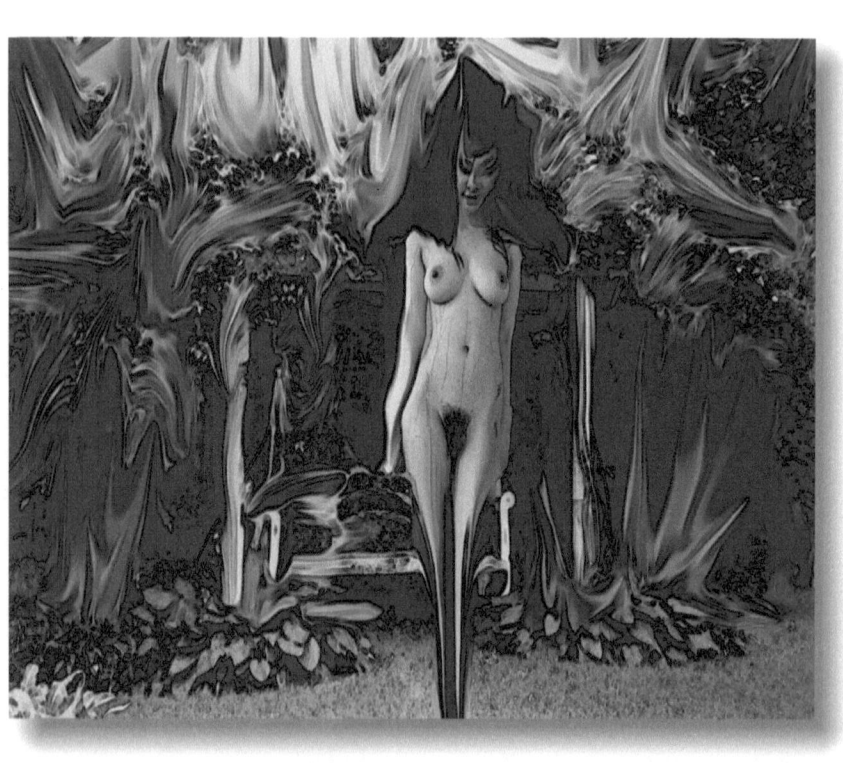

38.PRIVILÉGIO DA INTIMIDADE

Quis o destino

dar-me

o privilégio

de compartilhar

este teu

momento

tão íntimo.

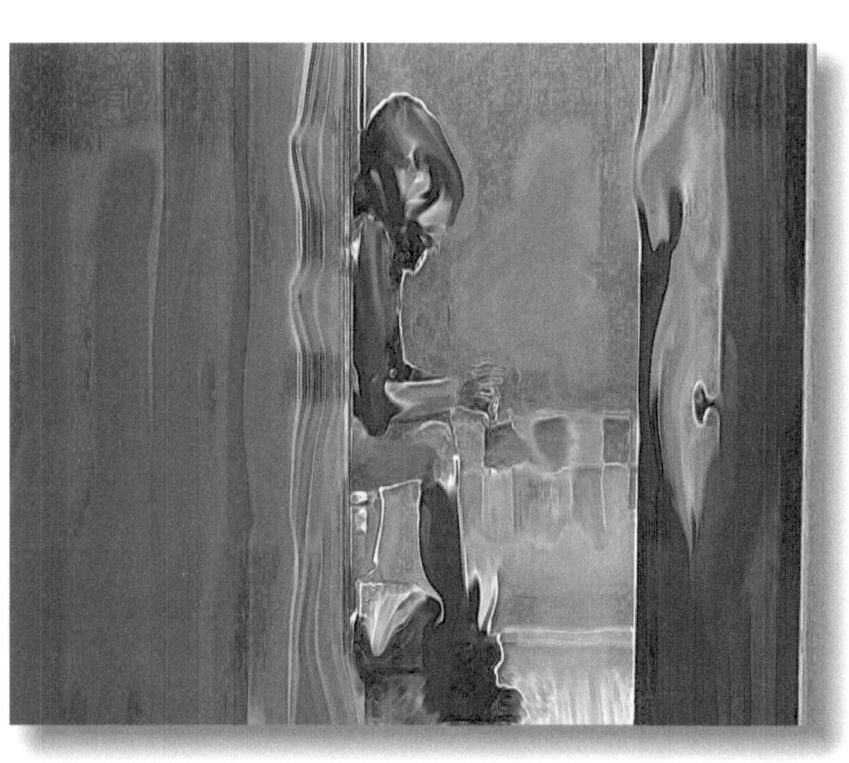

39.SEGUNDA VIRGINDADE

Logo

de cara,

coube-me

a dura tarefa

de tirar

a sua

segunda

virgindade.

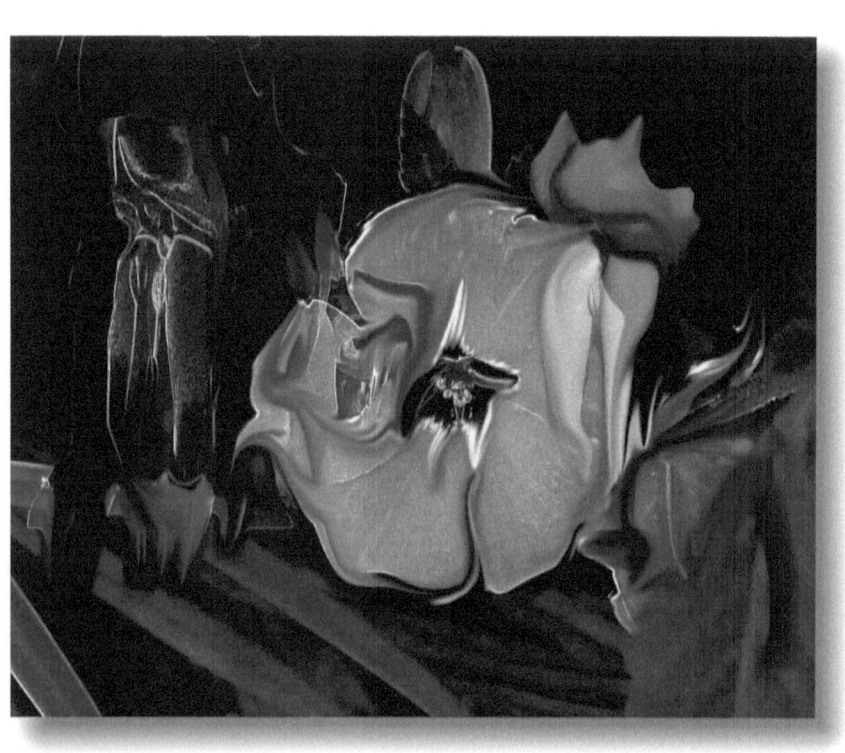

40.DELEITE DA POSTERIDADE

Com piano

ao fundo,

tomei posse

do

âmago,

molhado

e

com cheiro

de amor.

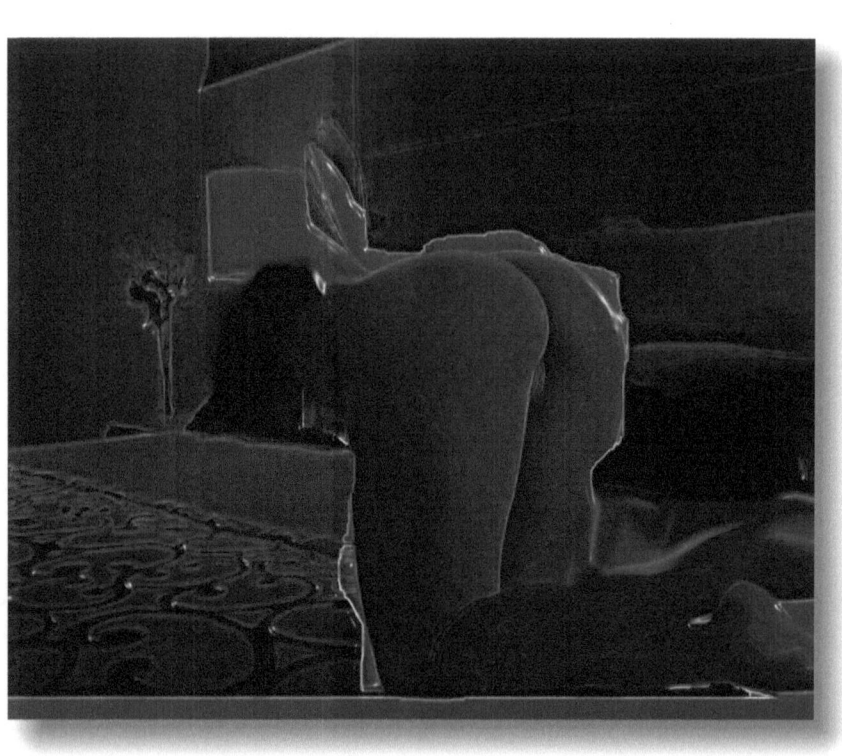

41.A BOLHA

A favor

da parede embolorada,

é bom lembrar

que

assim escolhemos,

para

arrebentar

a bolha.

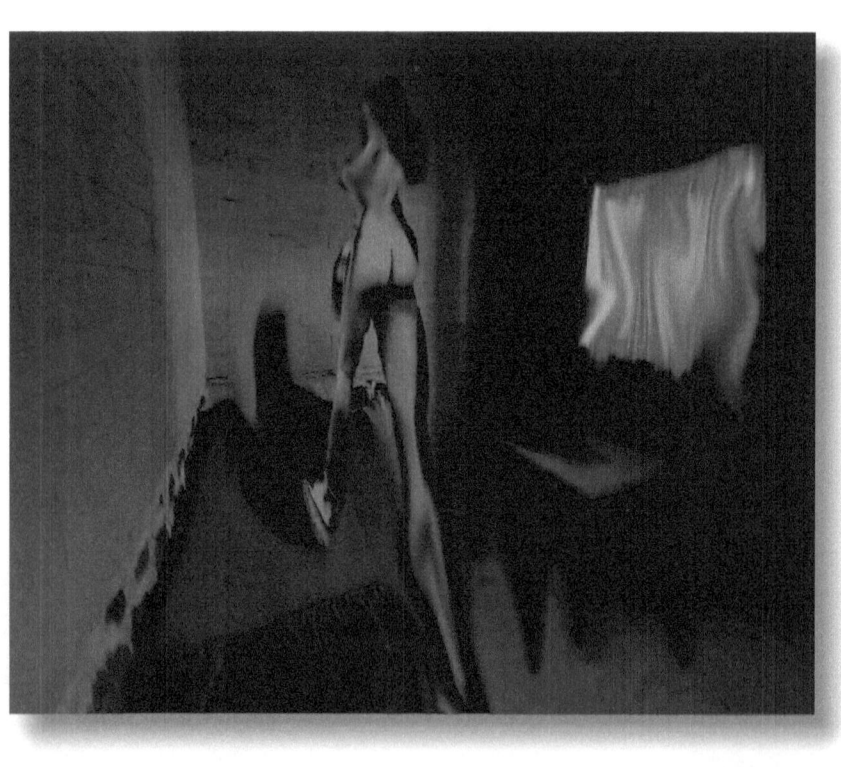

42.MENINA ABUSADA

Menina levada

e

abusada,

brincou

até se lambuzar,

mas

não quis deixar

vestígio.

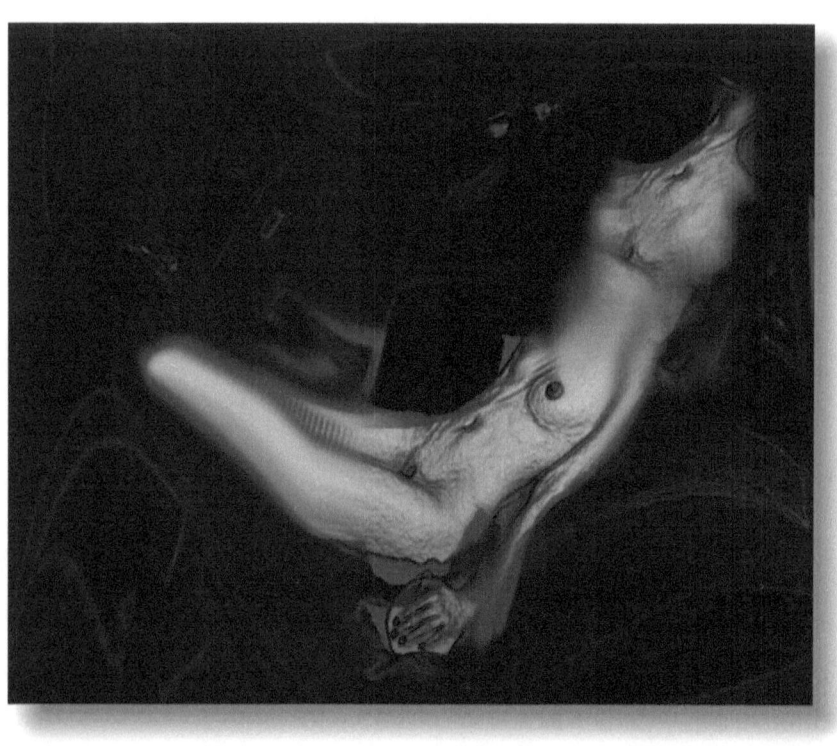

43.O DESEJO É SURPREENDENTE

Por obra

dos ventos encanados,

mal pude

acreditar

quando eu te vi

tão

de

pernas abertas.

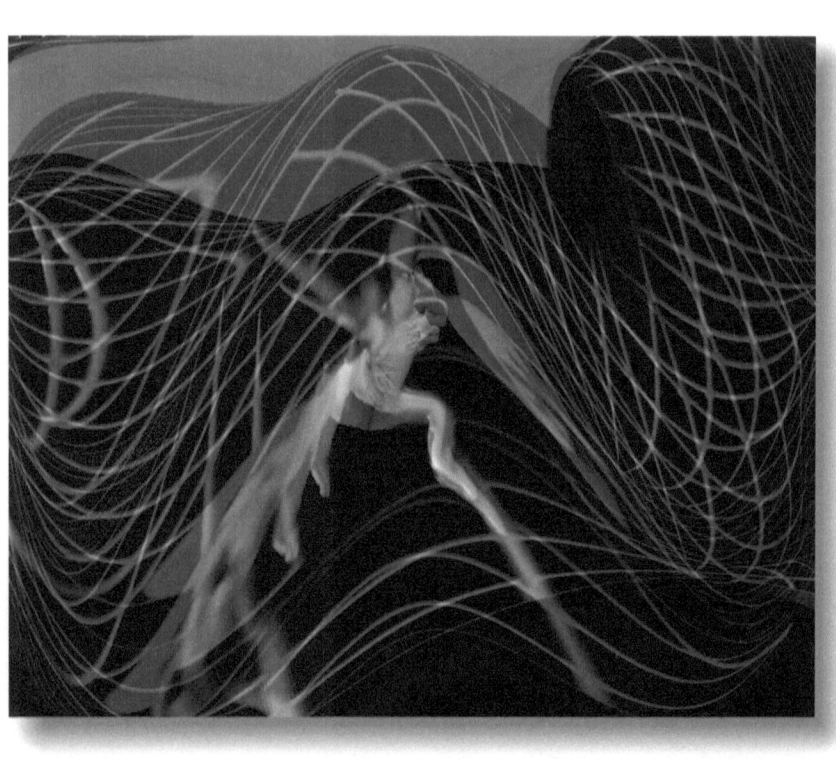

44.BOTÃO ATRÁS DA COUVE-FLOR

À procura

do botão,

antes

encontrei

a

couve-flor.

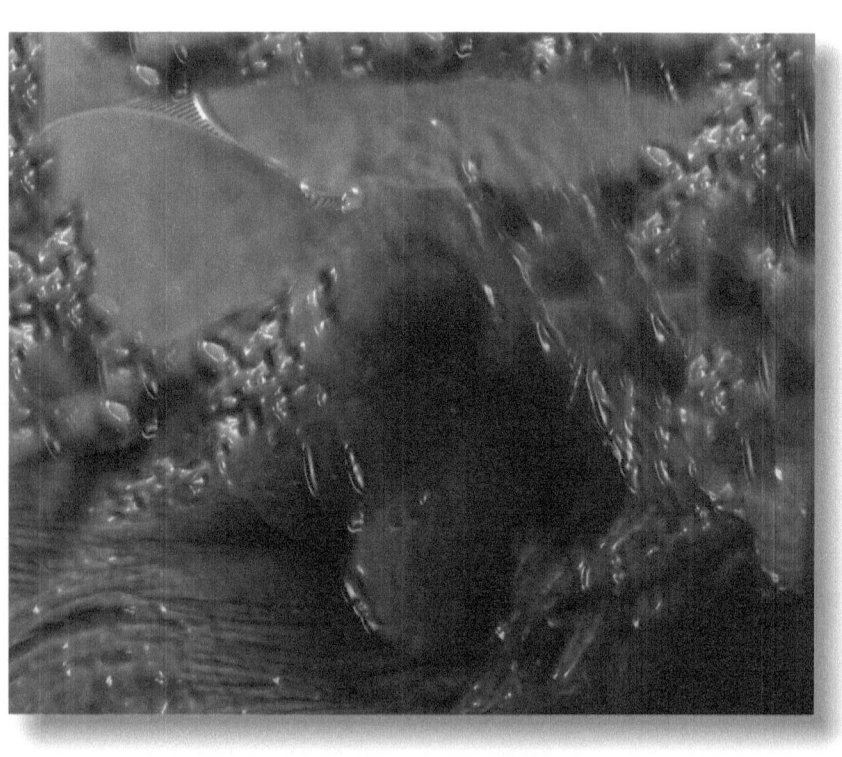

45.PETISCOS DO MEIO DE TARDE

Inocentes,

trocamos

petiscos

no meio

da

tarde.

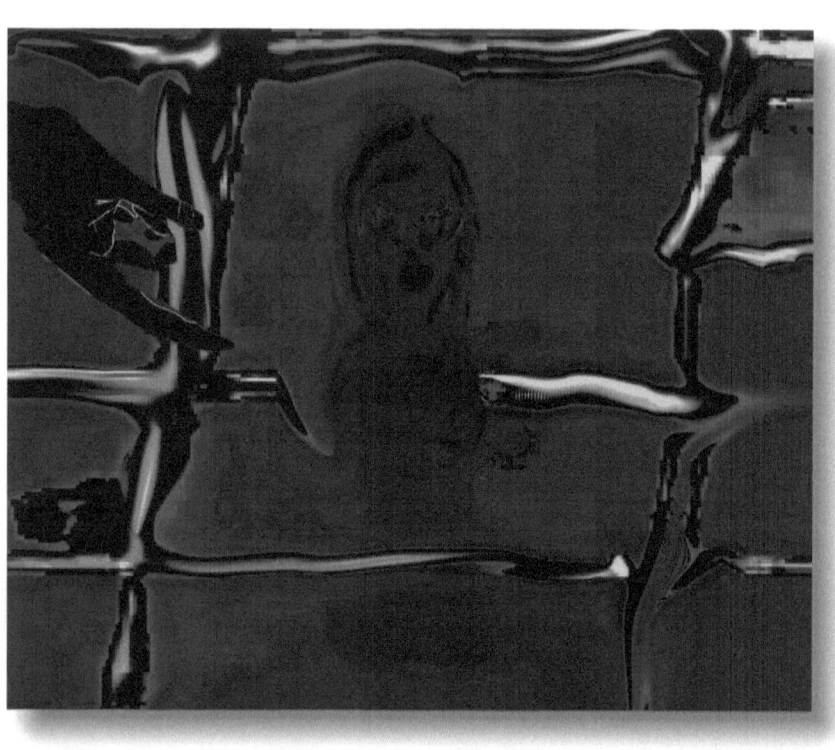

46.DURO ENGANO

Derramei

todas as gotas

do

meu desejo,

sem perceber

que

não passava

de

um truque.

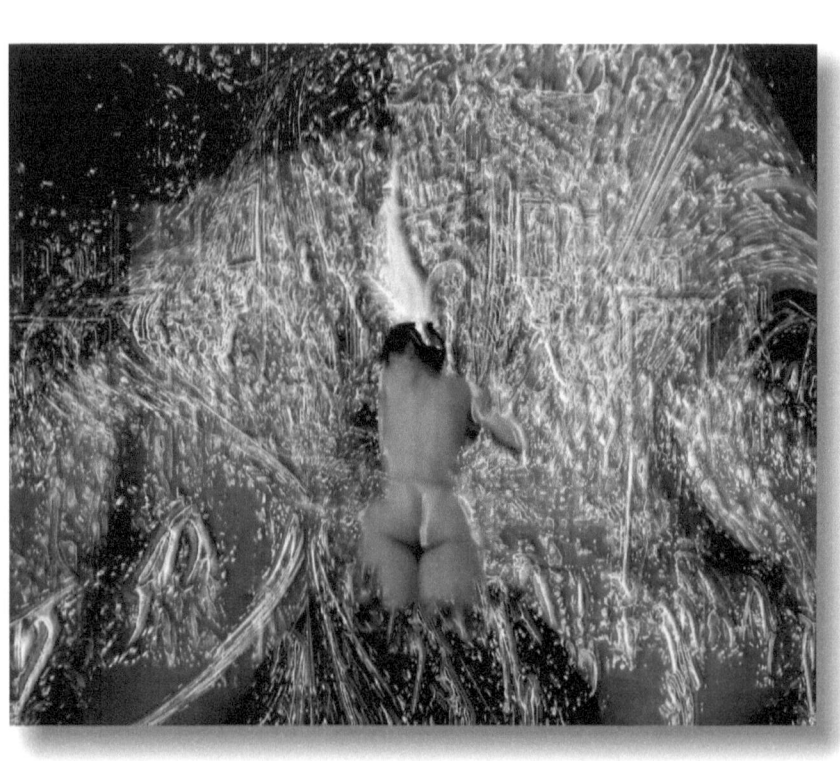

47.POR MERA FORMALIDADE

Naqueles tempos

éramos livres

para amar,

mas

seria deselegante

recusar

os

convites.

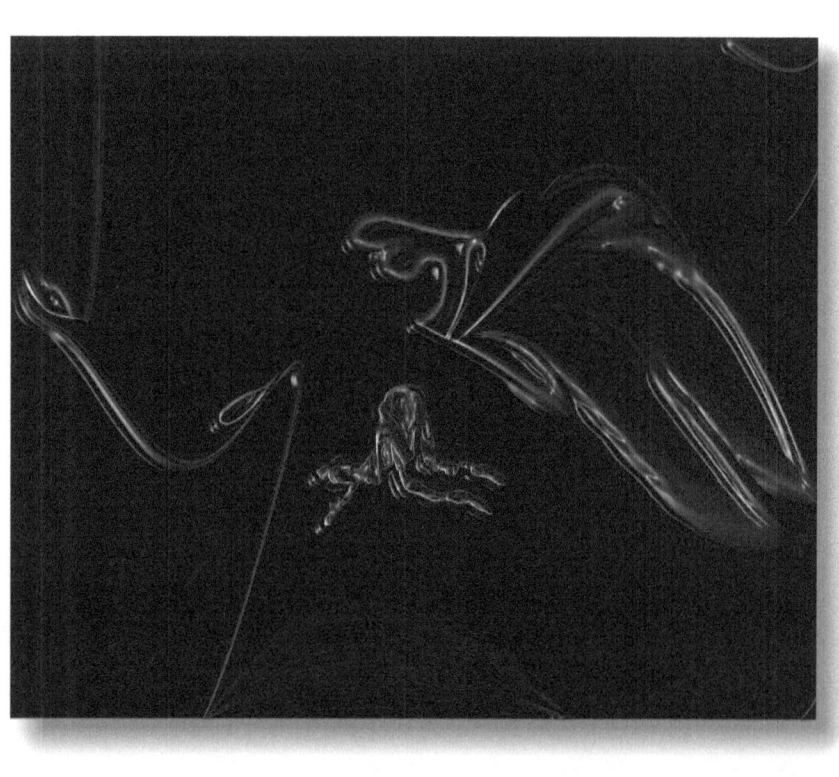

48.SAUDADE PROFUNDA

Embalado

pelas asas da saudade,

ainda

fico espantado

com

a tua facilidade

de colocar

o sabre inteiro

na bainha.

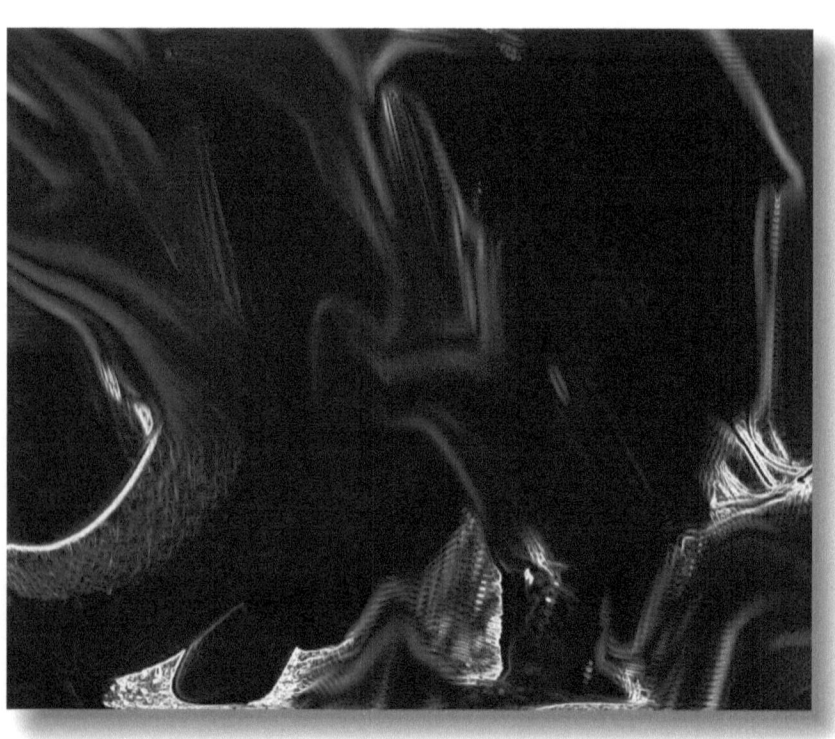

49.BEM SERVIDO

Só posso

sentir

enorme gratidão

por

ter sido

tão completamente

servido

por

você.

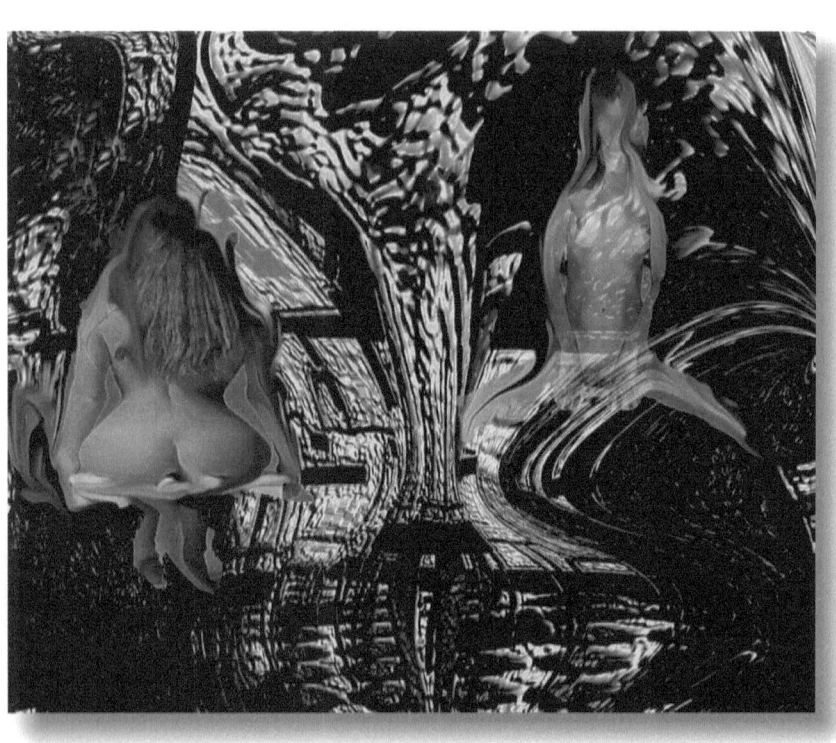

Reservo sempre a minha própria disposição um local aprazível.

Estes poemas estavam grudados nas minhas entranhas e não queriam sair de modo algum.

Foi um parto difícil, não natural.

Arranquei cada palavra com fórceps e nelas ainda é possível ver os resíduos das memórias.

Talvez tenha qualquer coisa de culpa, não sei.

Mas, não é doloroso.

Só confuso, como foram aqueles tempos.

Sentimentos tão esparsos, que, muitas vezes, afundam na própria densidade.

Agora, vejo diferente.

Tudo deveria ser muito mais alegre e vívido.

Como, aliás, efetivamente foi.

O filtro do tempo deve estar com algum defeito.

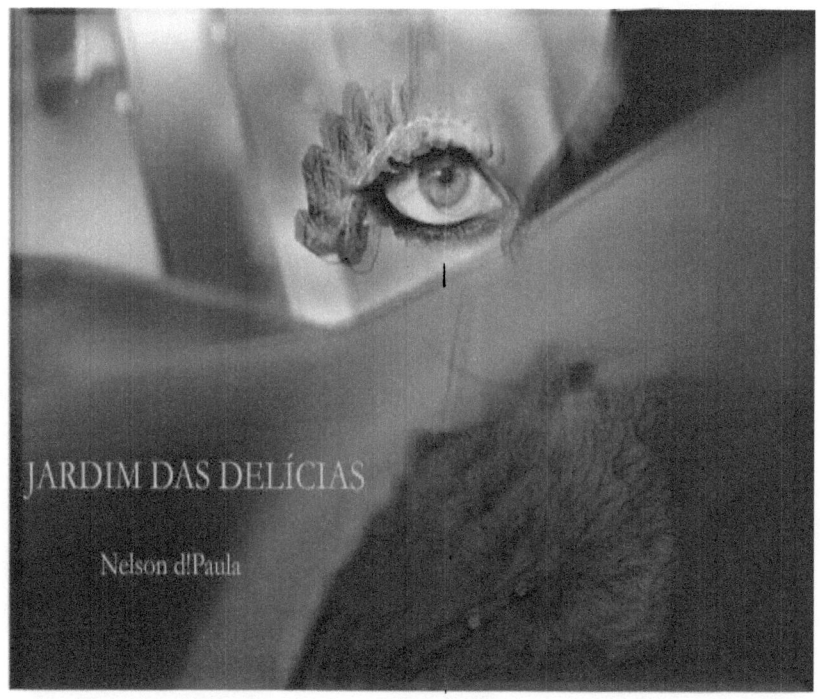

www.ingramcontent.com/pod-product-compliance
Lightning Source LLC
Chambersburg PA
CBHW030950240526
45463CB00016B/2332